Género **Ficción histórica**

Pregunta esencial

¿Cómo afectan tu vida los inventos y la tecnología?

Una manera mejor

por Sandy McKay

ilustrado por Seitu Hayden

I0800106

CAPÍTULO 1 Día de lavado

Era un hermoso día de verano. Wendy Wilson dibujaba en su cuaderno. Ella podía oír a sus hermanas gemelas, Margaret y June, que jugaban avioncito. Su hermano, Thomas, montaba bicicleta, mientras que su padre estaba trabajando en el pueblo.

Era lunes, lo que significaba que era día de lavado. La madre de Wendy rociaba jabón en polvo dentro de la tina de lavado. Luego, usaba la paleta para mover la ropa sucia de un lado a otro en el agua. Revolver la ropa era una tarea difícil y tardaba mucho tiempo para que estuviera limpia.

La abuela de Wendy, mientras tanto, enjuagaba la ropa que iba saliendo de la tina de lavado antes de ponerla en la escurridora.

—Ven y danos una mano, Wendy —dijo su abuela cuando ya estuvieron listas para poner la ropa enjuagada en la escurridora. La tarea requería de trabajo en equipo.

Wendy dejó su cuaderno de inmediato y fue a ayudarles a su madre y a su abuela.

Hoy había montañas de sábanas y fundas que debían poner en la escurridora. La madre de Wendy se encargaba de conducir las sábanas por los rodillos mientras Wendy giraba la manija que los movía. Su abuela recogía las sábanas apenas salían, ya listas para colgarlas en el tendedero.

Mientras giraba los rodillos, Wendy pensaba: "¿Por qué lavar la ropa toma tanto tiempo?". Cuando creciera, no quería pasar toda su vida lavando ropa.

Después de haber ayudado con las sábanas, Wendy tomó su cuaderno y comenzó a dibujar. Le gustaba entender cómo funcionaban las cosas, y llegó a crear sus propios inventos. Era un reto pensar en nuevas ideas, y a ella le encantaba entretenerse con aparatos. Hacía cosas con piezas viejas y partes de madera o metal que se encontraban en el cobertizo de herramientas. Incluso, en una ocasión, ¡inventó una máquina de malteadas impulsada por una bicicleta!

Para su undécimo cumpleaños, el padre de Wendy le había dado dos cuadernos y un lápiz nuevo con borrador. Era exactamente lo que ella había pedido y ya había llenado la mitad de uno de ellos con ideas para nuevos inventos.

La madre de Wendy se secó la frente y suspiró profundo.

—Mamá siempre luce agotada después de un día de lavado —pensó.

Su madre levantó la canasta con la ropa y empezó a colgarla en el tendedero. Cualquier prenda que no cupiera en la cuerda se ponía a secar en el interior de la casa, en la estufa.

—Debe haber una mejor manera de completar esta colosal tarea —protestó Wendy.

Su abuela se rio.

—Deberías haber visto cómo lavábamos la ropa cuando yo era una niña —dijo.

—¿Cómo lavaban la ropa en los viejos tiempos? —preguntó Wendy.

Su abuela sonrió de oreja a oreja. Wendy siempre la molestaba con eso de "los viejos tiempos".

—Hace varias décadas, teníamos que llevar agua desde el pozo y luego hervirla en una enorme olla de cobre —respondió la abuela de Wendy—. La tecnología de lavado era muy primitiva en aquella época.

—¡Cuando crezca, voy a ser una inventora y la primera cosa que crearé será una mejor lavadora! —proclamó Wendy.

La abuela de Wendy abrazó a su nieta mayor.

—Te dejaré seguir con eso, entonces —dijo.

Wendy pensó en el cumpleaños de su madre, que era al día siguiente. Los martes eran días de planchado y Wendy sabía exactamente qué iba a regalarle a su madre este año. Ella tendría que levantarse muy temprano por la mañana.

CAPÍTULO 2 Día de planchado

A la mañana siguiente, cuando Wendy se levantó aún estaba oscuro. Sintió como si estuviera en medio de la noche al escabullirse en la cocina. Hoy, ella iba a planchar toda la ropa como regalo de cumpleaños para su madre. Wendy sonrío. No dejaría que nadie tuviera que planchar el día de su cumpleaños.

La estufa de carbón aún humeaba de la noche anterior. Wendy tomó las planchas del estante superior. Ella ya había observado a su madre hacerlo muchas veces, pero nunca había planchado nada por sí sola. Primero extendió la manta en la mesa y una sábana vieja encima, luego, puso las dos planchas en la estufa para que se calentaran. Su madre siempre usaba dos porque de esa forma una siempre estaba caliente.

Pero, ¿cómo sabría cuando ya estaba lo suficientemente caliente? Wendy no estaba segura. Se sentó en la silla y se estremeció por el frío.

La pila de ropa que su madre había doblado la noche anterior parecía una montaña. El reloj sonó fuertemente en el pasillo. Eran las cinco en punto y Wendy nunca había estado despierta antes del amanecer.

Un momento después apareció una sombra en la puerta.

—¿Qué haces despierta tan temprano? —Era la abuela de Wendy, que vestía bata y zapatillas.

—Estoy planchando como regalo de cumpleaños para mi madre —respondió Wendy.

—Parece que podrías necesitar algo de ayuda —dijo su abuela y tomó una plancha de la estufa.

Wendy observó que su abuela escupía la plancha. Mientras chispeaba, indicó:
—Así es como sabes si está suficientemente caliente.

La abuela de Wendy tomó la primera plancha y la deslizó sobre un mantel. Como si fuera magia, las arrugas se alisaron.

—Ahí está. Ahora inténtalo.

Wendy tomó la misma plancha y la presionó suavemente a lo largo del mantel.

—El truco está en mantener la plancha a la temperatura correcta —comentó su abuela—. Y no la dejes en un lugar mucho tiempo.

Wendy tomó de la pila el delantal de su madre y cuidadosamente pasó la plancha sobre la tela. Aún quedaban dos pilas enormes de ropa para planchar. Por suerte su abuela le había ofrecido ayuda.

La abuela de Wendy permaneció a su lado, pasando la plancha caliente sobre las sábanas. Después de que terminaron de planchar todos los paños de la cocina y los manteles, se sentaron frente al fuego.

—Abuela, ¿cómo era mi madre cuando tenía mi edad? —preguntó Wendy.

—¡Cielos! —contestó—. A tu madre le encantaba bailar. Ella solía bailar por toda la casa y quería ser una bailarina cuando creciera. Te mostraré algunas fotos.

La abuela de Wendy tomó el álbum fotográfico de la estantería. Wendy entrecerraba los ojos para poder apreciar las pequeñas fotografías en blanco y negro. El cabello satinado y negro de su madre colgaba en rizos suaves y relucientes, y lucía tan delicado como la seda.

—Era muy bonita —dijo Wendy mientras hojeaba el álbum de fotos.

La abuela de Wendy acarició su mano.

—Mejor sigamos trabajando si queremos terminar.

El planchado tomó más tiempo del que Wendy había pensado, pero con la ayuda de su abuela logró terminar para cuando su madre despertó.

Cuando la madre de Wendy vio las impecables y ordenadas pilas de ropa no podía parar de sonreír.

—Eres, de verdad, una niña muy considerada —dijo y abrazó firmemente a su hija.

CAPÍTULO 3 Mamá se enferma

Era octubre y las hojas de otoño caían de los árboles. Los días se hacían más cortos y la mayor parte de la ropa se debía secar en el interior de la casa, en un estante que colgaba sobre la estufa. Este clima, más frío, traía consigo tos y gripa al hogar de los Wilson.

Un día que Wendy llegaba de la escuela, la casa estaba inusualmente calmada. Su abuela estaba parada en la puerta y lucía preocupada.

–La gripa de tu madre se ha convertido en una bronquitis –dijo–. El doctor dice que necesitará diez días de reposo en cama.

–¿Quién cocinará nuestra cena? –preguntó Thomas.

–¿Quién lavará la ropa? –preguntó Margaret.

–Todos ayudaremos –dijo su abuela–. No nos hará daño.

Los días siguientes estuvieron ocupados. Wendy ayudó a su abuela con el lavado de la ropa, y Margaret y June lavaron los platos en lugar de jugar. Thomas cortó la leña y el padre de Wendy ayudó a planchar.

–No me había dado cuenta de lo difícil que es esto –dijo él, presionando la plancha torpemente sobre su camisa.

Wendy llevaba leche caliente a su madre en las mañanas y una humeante taza de sopa de vegetales después de la escuela.

Su madre permanecía acostada tranquilamente en la cama, acomodada con almohadas. Después de diez días, el color regresó lentamente a sus mejillas y empezó a respirar normalmente de nuevo.

Entre tareas, Wendy siguió dibujando en su cuaderno, pensando ahora más que nunca en el lavado de la ropa. Ella sabía por experiencia cuánto tiempo gastaba su madre lavando todo. Le encantaría inventar algo que pudiera hacer este trabajo mejor y más rápido. Diseñaría una máquina que fuera fácil de utilizar.

Lo que ellos necesitaban era una lavadora con una paleta que se moviera por sí sola. Además, si el agua pudiera fluir adentro y afuera del fregadero, el enjuague y el lavado se podrían hacer en la misma tina.

Wendy hizo sus primeras indagaciones en el cobertizo de las herramientas, en busca de ideas. Intentó hacer su propia máquina en miniatura con una vieja manivela que encontró en la calle. La manivela, que se había usado para prender un automóvil, estaba hecha de metal y tenía una forma similar a la de la letra L.

Con la ayuda de su padre, Wendy hizo un hoyo en un tambor de hojalata e insertó un trozo de tubo para el drenaje. Sin embargo, era difícil hacer el hoyo del tamaño indicado y goteaba. Además, tenía que inventar una especie de transmisión que mantuviera el agua en movimiento por sí sola.

Wendy dibujó y pensó, pero no pudo encontrar una solución.

Wendy

CAPÍTULO 4 Aparece una sorpresa

Un día, cuando la madre de Wendy estuvo bien de nuevo, su padre llegó a casa después del trabajo con una canasta de naranjas. Los niños se apresuraron a saludarlo.

—¡Naranjas! —gritaron las gemelas—. ¡Nos encantan!

Las naranjas siempre habían sido un lujo en el hogar de los Wilson.

—¿Cuál es el acontecimiento? —preguntó la madre de Wendy, dejando la canasta de la ropa sucia.

—He recibido un ascenso en el trabajo —dijo el padre de Wendy, que se veía feliz. Luego, le dio a la madre de Wendy un abrazo.

—Quizás con un poco más de dinero cada semana podamos, finalmente, comprar algo que haga tu vida más fácil.

La madre de Wendy parecía desconcertada y Wendy estaba confundida también. ¿Qué podrían comprar para hacer la vida de la madre de Wendy más fácil?

Detective del lenguaje	*Habían sido* es un tiempo compuesto. ¿Qué otro tiempo compuesto puedes encontrar en esta página?

Dos semanas después, el padre de Wendy anunció que tenía otra sorpresa.

Justo en ese momento, un camión se detuvo. Ellos observaron mientras dos canadienses cargaban una enorme caja.

—Quédense adentro —dijo el padre de Wendy y salió para encontrarse con los hombres—. ¡Nada de andar ojeando!

Después de lo que pareció un largo rato, llamó a todos a la entrada lateral. Allí, en frente de ellos, ¡había una lavadora nueva!

—No olviden conectarla al tomacorriente —dijo el repartidor.

—¿Conectarla al tomacorriente? ¿Es eléctrica?

Wendy levantó la tapa y echó un vistazo dentro de la máquina. Era tan nueva que brillaba. Era de origen estadounidense. Se retorció de la felicidad. ¡La máquina realmente se veía como algunos de sus dibujos!

Detective del lenguaje	*Canadienses* es el gentilicio para las personas o cosas que vienen de Canadá. ¿Puedes encontrar en esta página el gentilicio de Estados Unidos?

Al siguiente lunes, la madre de Wendy hizo la primera demostración. Llenó la máquina con agua, colocó la ropa sucia adentro y roció el jabón en polvo encima. Cuando la encendió, se sacudió y entró en acción. El agitador en forma de paleta era alimentado con electricidad, lo que significaba que nadie tenía que revolver con la paleta.

La mejor parte era el escurridor. Este era una pequeña versión del que estaba en el patio y estaba acoplado a la máquina. Todavía mejor, se podía girar encima del lavadero.

Después de que se lavara la ropa, la madre de Wendy podía ponerla en el escurridor y dejarla caer en agua limpia. Una vez la ropa se enjuagaba, la ponía en el escurridor de nuevo antes de colocarla en la canasta.

—¡Oh, las maravillas de la ingeniería moderna! —exclamó la madre de Wendy.

En poco tiempo, la ropa lavada estuvo lista para que la colgaran en el tendedero.

Wendy observaba, bosquejando un dibujo de la lavadora en su cuaderno. Etiquetó cada una de sus partes mientras su cerebro zumbaba con ideas de mejora.

—Es mucho mejor que la tecnología de los viejos tiempos, ¿cierto? —dijo su abuela, mirando por encima del hombro.

—Abuela, sabes que creciste en los viejos tiempos, ¿cierto? —preguntó Wendy.

—Sí... —sonrió la abuela, esperando la próxima pregunta.

—No sabías que esos eran los viejos tiempos, ¿cierto?

—No, porque no fueron viejos tiempos en ese momento. Solo ahora son viejos tiempos.

—Así que algún día, cuando mis hijos crezcan, ¿estos serán los viejos tiempos?

—Así es —respondió la abuela.

—Entonces, eso significa que esta lavadora será vieja y habrá algo mejor en su lugar.

—Probablemente.

Wendy pensó cuidadosamente y dijo —Creo que algún día alguien tendrá la patente de una lavadora que funcione completamente por sí sola y sea capaz de lavar y secar la ropa al mismo tiempo.

—¿Eso crees? —preguntó su abuela sorprendida—. ¿En serio lo crees?

Wendy asintió.

—¡Eso suena como una máquina mágica para mí! —dijo la abuela.

Respuesta a la lectura

Resumir

A partir de los detalles importantes de *Una manera mejor,* resume el relato. El organizador gráfico puede servirte de ayuda.

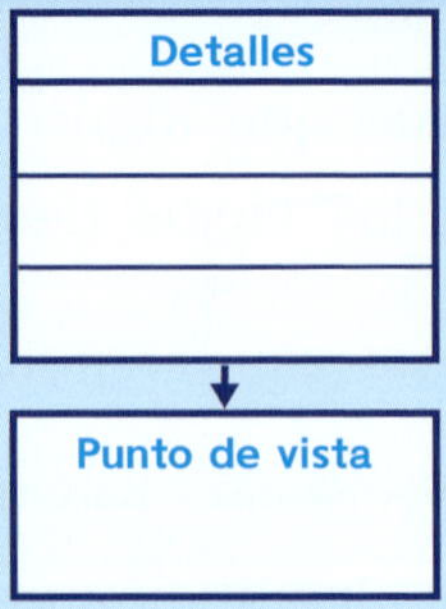

Evidencias del texto

1. ¿Qué elementos de *Una manera mejor* indican que este es un texto de ficción histórica? GÉNERO

2. Describe el punto de vista desde el que se narra este relato. Cita ejemplos del texto. PUNTO DE VISTA

3. Escribe un sinónimo de la palabra *satinado* de la página 8. SINÓNIMOS

4. Escribe cómo cambiaría este relato si Wendy fuera la narradora en primera persona. ESCRIBIR SOBRE LA LECTURA

Género **Texto expositivo**

Compara los textos

Lee sobre el desarrollo de la tecnología en la lavandería.

Historia del lavado

Actualmente, lavar la ropa es fácil. ¡Tenemos lavadoras y secadoras que hacen todo el trabajo!

En la época de la abuela de Wendy, lavar la ropa era muy diferente. Era una enorme tarea que tomaba todo el día.

Lavar a mano

Tradicionalmente, la mayoría de la ropa se lavaba a mano. Hace cientos de años, los romanos crearon vestíbulos grandes llamados *fullonicas*, similares a las lavanderías automáticas modernas. La ropa se remojaba en piletas. Se usaba arcilla para ayudar a sacar la grasa de la ropa. Los trabajadores saltaban sobre la tela para sacar la suciedad.

En la época de la abuela de Wendy, las personas usaban una tabla de lavar y un cepillo de fregar para sacudir o fregar la suciedad de la tela.

¡Lavar con jabón!

La forma como la gente lavaba la ropa cambió cuando se pudo conseguir jabón. El jabón era una nueva manera de descomponer la grasa y la suciedad. En el siglo XVII, los colonizadores de Estados Unidos hacían jabón a partir de ceniza y grasa animal. El jabón limpiaba la ropa, pero no olía bien.

En el siglo XIX, comenzó la industria del jabón en Estados Unidos. El jabón estaba hecho a partir de grasa animal o aceites vegetales. Sin embargo, era costoso y no fue sino hasta el siglo XIX que la gente común y corriente pudo permitirse comprarlo.

Facilitar la carga

El invento de las máquinas de lavar en el siglo XX facilitó el lavado de la ropa. Las primeras máquinas de lavar usaban remos para mover la ropa.

En 1908, Alva Fisher inventó la primera máquina de lavado con motor eléctrico. Las máquinas eléctricas se hicieron comunes durante la década de 1930, cuando la electricidad estuvo ampliamente disponible. En 1937, se introdujo la primera máquina automática de lavado, similar a la que usamos hoy en día.

Actualmente, las máquinas de lavado funcionan al presionar un botón. Las nuevas máquinas también usan menos agua y electricidad. Todas estas mejoras hacen que lavar sea un trabajo fácil.

Haz conexiones

¿Qué importancia tuvo el uso de la electricidad en los cambios en la tecnología de lavandería? **PREGUNTA ESENCIAL**

En *Una manera mejor* y en *Historia del lavado* vimos cómo se lavaba la ropa antiguamente. Menciona dos ejemplos de tareas que sin ayuda de la tecnología tomarían mucho tiempo. **EL TEXTO Y OTROS TEXTOS**

Enfoque: Género

Ficción histórica En la ficción histórica se narra un relato que se ambienta en el pasado. En ocasiones, el autor brinda información de un suceso real o se basa en hechos reales. La ficción histórica le permite comprender al lector cómo era la vida en el pasado.

Lee y descubre En un relato que se ambienta en el pasado, el autor por lo general incluye fechas, sucesos, vestimentas y otros objetos para mostrarle al lector el momento en que se desarrolla el relato. Identifica detalles que te permitan saber que *Una manera mejor* se ambienta en el pasado.

Tu turno

Piensa en otro suceso que involucre a Wendy y a su familia, por ejemplo, la llegada a casa de su primer refrigerador.

Dibuja una "fotografía" para el álbum familiar. Apóyate en detalles del relato y piensa en el punto de vista que quieres mostrar. Para el pie de foto de la imagen, escribe un párrafo en el que describas cómo este suceso cambia la vida cotidiana de la familia.